Chris Merscheider

SECHS FARBEN

sbv

Chris Merscheider
Sechs Farben

IMPRESSUM

Chris Merscheider
Sechs Farben
1. Auflage 2022

42899 Remscheid, Fuchsweg 12
www.saschabrunsverlag.de
ISBN 978-3-754-631-317

Herstellung und Druck über tolino media GmbH & Co. KG,
Albrechtstr. 14, 80636 München. Printed in Germany.
Fragen zu Produktsicherheit an: gpsr@tolino.media.

Inhalt

Kurzgeschichten

Anhang

Die Regenbogenflagge ist ein internationales Zeichen für Frieden, Toleranz, Vielfalt und Aufbruch. Sie steht Symbolisch für Hoffnung und Sehnsucht. In quer angeordneten Streifen trägt sie sechs Farben:

Rot, Orange, Gelb, Grün, Blau und Violett.

"Mit dem Leben ist es wie mit einem Theaterstück. Es kommt nicht darauf an, wie lang es ist, sondern wie bunt."

(Lucius Annaeus Seneca)

Chris Merscheider

ein KAFFEE ein DONUT und ein LÄCHELN

sbv

Ein Kaffee, ein Donut und ein Lächeln

Leon fuhr mit dem Zug über die Müngstener Brücke. Eigentlich fuhr er lieber mit dem Auto, doch nach Köln und dann noch zum Christopher-Street-Day war die Bahn die bessere Wahl. Als Schwul hatte er sich schon vor vier Jahren geoutet, war bisher aber noch nie auf einem CSD. Zu viele Menschen für ihn. Das er nun doch auf dem Weg dorthin war, hatte einen recht einfachen Grund: Er suchte Ablenkung. Ablenkung von den Gedanken an den süßen Verkäufer aus dem Bäckerei-Café am Rathaus. Seit drei Wochen verbrachte er nun schon jede Mittagspause dort, aß ein belegtes Brötchen, trank einen Kaffee – oder O-Saft und vor allem schaute er, natürlich unauffällig, seinen Schwarm an. Dominik ist sein Name – eine seiner Kolleginnen rief ihn an einem der Tage ans Telefon.

Als er das erste Mal das Café betrat, wollte er eigentlich nur einen Coffee-to-go und einen Donut kaufen, doch dann hatte er von Dominik ein vielversprechendes Lächeln zum Donut geschenkt bekommen. Voller Hoffnung war er in seiner nächsten Mittagspause wieder hingegangen. Dominik bediente auch wieder. Aber bevor Leon dran war kam, was er lieber nicht gesehen hätte: Ein wirklich hübsches Mädel, geschätzt vielleicht ein- oder zwei Jahre jünger, kam herein und wurde von Dominik sehr herzlich begrüßt. Die beiden redeten und lachten viel miteinander. Klar, wieso sollte Leon auch davon ausgehen, dass Dominik nicht Hetero ist? Allein das am Vortag geschenkte Lächeln bewies gar nichts. Leon hatte sich schon mehrere Male in Boys verknallt, die nicht schwul waren. Die meisten Männer sind halt nicht schwul. Trotzdem war er dieses Mal besonders enttäuscht. Nie hatte er an Liebe auf den ersten Blick geglaubt, aber bei Dominik war es ihm passiert. Leon tröstete sich damit, dass diese »Seifenblase« bereits am zweiten Tag geplatzt war und sich gar nicht erst über eine längere Zeit gehalten hatte. Trotzdem zog es ihn jede Mittagspause wieder ins Café. Wenn seine Verliebtheit auch einseitig bleiben sollte, so gab es auch keinen Grund nicht wenigstens weiter zu Träumen – die Realität bot ihm schließlich im Moment keinerlei Alternativen.

Inzwischen war die S-Bahn am Solinger Hauptbahnhof angekommen und Leon wartete auf den Zug nach Köln, der mit nur fünf Minuten Verspätung ankam. Er setzte sich auf einen

Platz am Fenster, war aber nicht lange alleine. Zwei Ältere Damen setzten sich zu ihm und fingen ein Gespräch über Gott und die Welt an. Bald nachdem der Zug losgefahren war, drehten sich seine Gedanken aber wieder um das Thema, das er hatte vergessen wollen – wenigstens für diesen Tag. Dominik hat lebensfrohe dunkelblaue Augen und ein schelmisches Lächeln. Träumend verging die Fahrtzeit bis Köln für Leon wie im Flug. Träume, die schmerzlich in der Realität endeten. Träume, auf die Leon aber trotzdem nicht verzichten wollte. Daher zog es ihn auch in jeder Mittagspause wieder in das Café am Rathaus. Nur ein wenig träumen, nur ein wenig schauen – natürlich unauffällig. Dominik durfte auf keinen Fall etwas merken.

Auf dem Christopher-Street-Day war es Leon eindeutig zu voll und zu wuselig. Das war noch nie seine Welt und wird es auch wohl nie werden. Musste es auch nicht, sollte ihn nur Ablenken. Auch wenn Leon nicht wirklich wusste, ob er überhaupt abgelenkt werden wollte, schließlich zog es ihn jeden Mittag wieder ins Café und zu Dominik. Er suchte zeitgleich Nähe und Abstand. Nähe aus Liebe, Abstand aus Hoffnungslosigkeit. In ihm herrschte das pure Chaos. Was er vom CSD erwartete? Ablenkung? Vielleicht jemanden kennen lernen? Vielleicht auch nur ein kurzes Abenteuer? Sex? Auch der Gedanke an ein kurzes Bettabenteuer ging ihm durch den Kopf und zeitweise war er nicht abgeneigt, jemanden zu finden, mit dem er eine heiße Nacht verbringen könnte. Oder sich von jemanden finden zu lassen. Abgeschleppt zu zu werden. Nicht der Aktiven sein, sondern der Passive. Jetzt war ihm jeder recht und gleich schon konnte er sich niemand anderen als Dominik vorstellen. Für One-Night-Stands war er bis heute nicht zu haben gewesen. Wäre er nicht so romantisch veranlagt, hätte er mit seinem Aussehen sicherlich schon einige heiße Nächte erleben können. Manchmal hatte er sich gewünscht, dass er Dominik niemals mit diesem Mädel gesehen hätte. Geändert hätte es vermutlich auch nichts – Hetero ist Hetero und bleibt Hetero und bei Dominik hatte er daher keine Chance. Aber wenigstens hätte er etwas länger ohne Schmerzen träumen können. Auf der anderen Seite wäre dann der Schmerz und die Enttäuschung vielleicht um so größer geworden.

Zu sehen gab es auf dem CSD jedenfalls genug, hier liefen viele hübsche Jungs herum und anbaggern ist kein Problem – zumindest im Vergleich zu sonst. In Beispielsweise einer Heten-Disko, könnte ein Flirtversuch mit einem Kerl schmerzlich anders enden. Hier lief auch der ein oder andere herum, der Leon gut gefiel. Ansprechen mochte er aber keinen. Zwar wurde er selber angesprochen, gab dann aber schnell zu verstehen, dass er kein Interesse an was-auch-immer hatte.

Sein Plan war gescheitert. Fast ununterbrochen dachte er an Dominik. Nur einmal war es ihm gelungen für eine längere Zeit nicht mehr an Dominik zu denken. Doch dann hatte er in der Menschenmenge ein Mädel gesehen, dass ihn an Dominiks Freundin erinnerte. Die Ähnlichkeit war verblüffend, aber dass konnte unmöglich wahr sein.

Wirklich wohl fühlte sich Leon hier nicht, Dominik vergessen funktionierte auch nicht und nach der Verwechselung eben beschloss er wieder zurück zu fahren.
Auf dem Weg zum Bahnhof lag ein amerikanisches Spezialitätenschnellrestaurant, wo er sich zwei Cheeseburger und eine Cola bestellte. Er

war unzufrieden mit dem Verlauf dieses Tages. Ablenkung hatte er nicht gefunden und auch auf ein kurzes Abenteuer hatte er keine wirkliche Lust. Dominik zu vergessen hatte er nicht geschafft und ihm war klar geworden, dass er das auch nicht wirklich wollte. Aber eine Chance das Herz seines Schwarms zu erobern hatte er auch nicht.

Selbst beim Essen der Cheeseburger wurde er an Dominik erinnert – durch einen Boy im Muskelshirt mit Tattoo auf dem Oberarm. Dominik ist auch Tätowiert. In der Arbeit trägt er zwar T-Shirts, aber hin und wieder blinzelt eine kleine Spitze eines Tribals unter dem Ärmel hervor. Eigentlich wusste Leon gar nicht, ob es ein Tribal ist oder nicht – gesehen hatte er ja nur die Spitze – aber in seiner Fantasie war aus der kleinen Spitze ein Adlerkopf geworden. In seinen Träumen hatte er mit zärtlichen Küssen die Ärmel von Dominiks Shirt Stück für Stück hochgeschoben. Stück für Stück seine muskulösen Oberarme enthüllt. Stück für Stück den Adler »befreit«.

Träume, keine Realität! Leon beschloss, dass er etwas ändern muss. So konnte es nicht weitergehen. Ihm war nun klar, dass er nicht wirklich glücklich werden konnte, wenn er weiterhin jeden Tag einen Traum träumen würde, der nicht Realität werden konnte. Er wollte von nun an seine Pausen nicht mehr im Café verbringen.

Sich von seinem Schwarm endgültig zu »trennen« konnte er sich aber auch nicht vorstellen. Dominiks Anziehungskraft war schlicht zu stark für Leon, um ihr zu entkommen. Seinen Beschluss, nicht mehr ins Café zu gehen, weichte er sofort auf. Er wollte sich noch »ein letztes Mal« gönnen – nur ein letztes Mal, nur zum heimlichen verabschieden. Nur noch einmal – am Montag. Danach sollte Schluss sein. Keine Besuche im Rathaus-Café mehr, keine Tagträume mehr, und irgendwann würde Dominik dann wohl von alleine seine Gedanken verlassen. So der Plan – aber vorher nur noch ein letztes Mal ins Café, ein Donut, einen Kaffee und ein paar heimliche letzte Blicke – und hoffentlich ohne Dominiks Freundin.

Wirklich sauer war er auf das Mädel nicht, was konnte sie dafür, dass Dominik nicht schwul war, aber sehen wollte er sie auch nicht. Das hatte er für seinen Geschmack schon viel zu oft – drei oder viermal war sie Mittags auch im

Café gewesen und hatte Dominik auf der Arbeit besucht. Dominik hatte dann immer seine Pause mit Ihr verbracht und sie hatte Leon dadurch die Möglichkeit genommen, heimlich zu schauen. Aber Groll hegte er ihr gegenüber nicht. Nur an seinem letzten Tag mit Dominik wollte er ihn »für sich alleine« haben und betete dafür, dass sie am Montag nicht im Café auftauchen würde. Nur noch einmal, dann wollte er das Kapitel Dominik endgültig abschließen. »Kapitel Dominik« dachte er – dabei war es, abgesehen vom aller ersten Tag, an dem Dominik ihm ein verführerisches Lächeln schenkte, eine einseitige »Beziehung« gewesen. Eine heimliche »Beziehung«, die nur aus unauffälligen Blicken und unendlich vielen Träumen bestand. Leon bewegten starke Gefühle. Gefühle von denen Dominik nichts mitbekommen hatte, da war sich Leon sicher. Dominik hatte ihm zwar dieses besondere Lächeln geschenkt, ihn an den folgenden Tagen dann aber nicht besonders beachtet. Er war ihm sogar eher noch ausgewichen. Vermutlich, weil ihm das Lächeln peinlich war, oder weil er Leon überhaupt nicht besonders wahrgenommen hatte. Sicherlich hatte Leon in dieses Lächeln viel zu viel hinein interpretiert. Nun war es Zeit, dem ganzen Theater ein Ende zu setzen. Ein letzter Akt am Montag und der letzte Vorhang fällt. Ende.

Montag. Ein langweiliger Vormittag mit, glücklicher Weise, wenig Kunden und wenig Arbeit. Leon war mit seinen Gedanken fast ausschließlich bei Dominik und wollte die letzten Stunden mit Wunschträumen verbringen. Dann war Mittag und er ging zum letzten Mal den Weg zum Rathaus-Café. Ein dicker Klos im Hals bildete sich beim ihm, glücklicher Weise erst nachdem er seine Bestellung aufgegeben hatte. Von Dominik war zuerst nichts zu sehen, aber als Leon an einem Tisch in dem heute recht vollen Café saß, kam er aus dem hinteren Bereich in den Verkaufsraum. Leon schossen die Tränen in die Augen, bei dem Gedanken, dass es nun soweit war und er zum letzten Mal seine Pause hier verbringen würde und somit die letzten Minuten, in denen er »seinen« Dominik sehen konnte angebrochen waren. Liebe kann grausam sein. Er wendete seinen Blick zum Fenster hinaus, damit niemand seine Tränen sehen konnte. Vielleicht wäre es doch besser gewesen, nicht wieder hier her zukommen – vielleicht würde es ihm aber auch helfen, wenn er jetzt beschließen würde, dass er doch noch mal wieder kommt, dann aber nur einmal

pro Woche, oder vielleicht zweimal. Der Gedanke gefiel ihm gut, und der leise gegen diese Inkonsequenz protestierende Gedanke verschwand schnell in einer einsamen und abgelegenen Ecke in seinem Hirn. Das Dominik eine Freundin hatte und sich daher nicht für Jungs interessiert war für Leon schwer zu ertragen, aber ihn nicht mehr wieder zu sehen war im Moment noch unerträglicher. Wie er es auch drehte und wendete, alle Wege, die er sehen konnte, boten ihm nur Schmerz. Wieder wurden seine Augen feucht und somit sah er nicht, dass Dominiks Freundin zur Tür rein kam. Leon bemerkte sie erst, als sie ausgerechnet an seinem Tisch stand und ihn mit einem leichten »Hi!« begrüßte. Noch ehe Leon etwas erwidern konnte schob sie die Frage hinterher: »Ist hier noch frei?«.
Ernst gemeint hatte sie die Frage nicht, denn ohne seine Antwort abzuwarten stellte sie ihre Tasche ab und setzte sich Leon gegenüber.

»Du bist öfters hier, oder?«
Leon schaute ihr nun in die Augen und antwortete mit einem kurzen »Ja«.
Sie stutzte kurz und schien etwas irritiert als sie sah, das Leon Tränen in den Augen hatte.
Dann kam Dominik zum Tisch und brachte Ihr

einen Becher Kaffee mit den Worten: »Was soll das, Lena? Mach kein' Scheiß!«
Nun war es Leon, der irritiert schaute. Sollte Dominik doch etwas gemerkt haben? Wollte »Lena« ihn jetzt zur Rede stellen? Leon fürchtete schon, dass sie hier im Café ein Theater veranstalten könnte und allein bei dem Gedanken wäre er am liebsten vor Scham in den Boden versunken. Lena lächelte wieder und Leon verstand, was Dominik an ihr fand: Sie hatte nicht nur die gleichen wundervollen blauen Augen wie er, sondern auch sein verführerisches Lächeln. Würde Leon sich für Frauen interessieren, Lena wäre vermutlich genau sein Typ.
Lena hingegen deutete mit einer unauffälligen, aber unmissverständlichen Geste auf Dominik, der wieder zur Theke zurück ging, und fragte Leon: »Süß, oder?«
Leons bekam Panik. Nun stand es fest: Dominik hatte seine heimlichen Blicke bemerkt und mit Lena darüber gesprochen und nun wollte sie ihm klar machen, dass Dominik ihr »Revier« ist. Aber vielleicht konnte er sie davon überzeugen, dass er gar kein Interesse an Dominik hatte – und tatsächlich hatte er ja auch gar nicht vor irgendetwas mit Dominik anzufangen, der ja offensichtlich nicht auf

Männer stand.
Er versuchte es mit einer schlecht gespielten Empörung: »Wer? Der? Ich bin doch keine Schwuchtel! Mach dir keine Sorgen um deinen Freund!«
Lena schaute erneut irritiert, allerdings nur für einen kurzen Moment. Dann lachte sie kurz, schaute nach Dominik und dann wieder Leon an: »Freund? Dominik ist mein Bruder, nicht mein Freund.«

Es dauerte einige Momente, bis die Botschaft es geschafft hatte, sich durch das Chaos in Leons Hirn bis zur richtigen Stelle durch zu kämpfen. »Dein Bruder.« Mit dieser Erkenntnis brach dann in Leon alles zusammen, was er in den letzten Tagen gedacht und geplant hatte und während er noch in einer Art Betäubung da saß und keinen vernünftigen Gedanken mehr zusammen bringen konnte, nahm Lena einen Zettel, schrieb etwas, sprang auf und ging zu Dominik. Beide verschwanden kurz in die Küche des Cafés. Das taten sie eigentlich immer und anschließen verbrachte Dominik dann seine Pause mit Ihr draußen. Heute kam Lena allerdings alleine in den Gästeraum zurück und setzte sich wieder zu Leon.
»Du bist keine Schwuchtel, sagst Du? Stimmt

bestimmt – aber wir haben Dich gestern in Köln gesehen...«

Mit einem breiten Grinsen schob sie Leon einen Zettel zu, hielt ihn aber noch fest. »Dominik kannst du heute leider nicht mehr anschauen. Er hat jetzt Pause und wartet auf einen für ihn total wichtigen Anruf!«

Dann stand sie auf und verließ das Café. Leon drehte den Zettel um. Zwei Dinge hatte Lena darauf geschrieben: »Dominik« und seine Handynummer.

CHRIS MERSCHEIDER

GETÄUSCHT

sbv

GETÄUSCHT

Nachmittag

Mein Name ist Felix. Felix heißt »der Glückliche«, habe ich mir mal sagen lassen. Ich weiß aber nicht, ob das stimmt oder besser gesagt, ob mein Name zu mir passt.

Kurz vor meinem sechzehnten Geburtstag starb meine Mutter durch einen Autounfall. Unser Verhältnis war zu der Zeit nicht mehr so wirklich gut. Mag sein, dass das mit meinem Alter zusammenhing. Dass ich über beide Ohren verliebt war, machte es mir auch nicht leichter und dass meine Liebe einem Jungen galt schon gar nicht. Ich habe es meiner Mutter nicht mehr erzählen können, sie hat mir aber auch nicht alles gesagt. Es gab da ein Geheimnis, dass auch mich betraf, dass spürte ich genau. Dieses Geheimnis belastete unser Verhältnis zueinander. Sie hat es mit in ihr Grab genommen.

Ungefähr ein halbes Jahr später stand ich in Solingen im Hauptbahnhof und wartete auf den Zug aus Remscheid. Nein, eigentlich wartete ich nicht auf den Zug, sondern auf Adriaan, meinem Freund, der mit dem Zug aus Remscheid kam. Wir gingen beide auf das selbe

Gymnasium, das EMMA, aber in verschiedene Klassen. Anfangs waren wir Schulfreunde, dann beste Freunde und dann verliebten wir uns ineinander. Letzteres konnten wir in der Schule und auch sonst gut verheimlichen, auch wenn es schwer fiel. Das wir in den Pausen und nach der Schule immer unzertrennlich waren und auch gegenseitig bei dem anderen übernachteten war nicht auffällig. Geknutscht haben wir immer nur dann, wenn wir alleine waren. Dabei hätte ich Adriaan den ganzen Tag abknutschen mögen. Natürlich entdeckten wir auch unsere Sexualität zusammen, was aber schon deutlich schwieriger war. Ein paar Mal waren Adriaans Eltern über Nacht weg und wir hatten »sturmfreie Bude«. Zumal Adriaans Schwester Cathelijne gerade ausgezogen war. Bei mir hätten wir öfter Gelegenheit gehabt, da Mutter regelmäßig Spätschicht hatte. Doch nach ihrem Unfall zog mein Vater von Hamburg nach Solingen, um sich um mich kümmern zu können.
Ich war froh, nur nach Solingen umzuziehen und so wenigstens die Schule nicht wechseln zu müssen.

Der Zug fuhr ein, seine Bremsen quietschten. Das erste, was ich von Adriaan sah, war sein

leuchtend oranger Rucksack mit den zwei Schwarzen Löwen und dem rot-weiß-blauen Holland-Schriftzug. Als er ausstieg strahlte die Julisonne mit seinem Lächeln um die Wette. Was hätte ich dafür gegeben, ihn mit einem Kuss zu begrüßen. Auch wenn uns hier keiner kannte, wir trauten uns nicht.
Ein paar Wochen zuvor war ich bei Dri, wie Adriaan in der Schule und auch von mir genannt wurde, zu Hause. Er hatte es nicht geplant, aber irgendwie hatte es sich ergeben, dass er sich seinen Eltern gegenüber als schwul geoutet hat.
Ich stand nicht nur räumlich daneben. So wie Dri es gesagt hatte, nahmen seine Eltern nicht wahr, dass ich nicht mehr nur sein bester Freund, sondern seine Beziehung war. Seine Mutter hatte, freundlich ausgedrückt, absolut kein Verständnis. Sein Vater leider noch weniger. Dri bekam eine Ohrfeige, die auch mir schmerzte - und selbst heute noch jedes mal schmerzt, wenn ich mich zurück erinnere. Um mich vor der Homosexualität zu schützen, warf mich Adriaans Mutter etwas unsanft aus der Wohnung. Dri bekam Stubenarrest und durfte sich nicht mehr mit Jungen treffen. Also auch mit mir nicht. Glücklicherweise war es seinen Eltern schlicht unmöglich dieses Verbot auch

durchzusetzen. Vielleicht wollten sie es auch gar nicht. Die Wut wandelte sich in Ignoranz. Sex und Homosexualität, sowie die bösen Worte die gefallen waren und auch die Ohrfeige wurden zum Tabuthema. Dri brachte keine Freunde mehr mit nach Hause und erzählte einfach nicht mehr, mit wem er sich traf.

Dri begrüßte mich wie einen guten Freund, doch seine Augen funkelten vor Liebe. Himmelblaue Augen, strohblonde Wuselhaare und einen muskulösen Sportler-Body - mit Sixpack. Es gab aber etwas, das mich fast noch mehr anmachte als sein traumhafter Body: Sein holländischer Akzent.
»Felix, alter Baumschubser. Wartest Du schon lange? Der blöde Zug hatte mal wieder Verspätung«
»Nö! Zehn Minuten oder so. Hat sich aber gelohnt!« Ich zwinkerte ihm zu.
Dann warteten wir gemeinsam auf die S-Bahn nach Düsseldorf.
»Nur gut, dass der Regen aufgehört hat. So wie die Sonne jetzt scheint, könnte nachher wieder alles getrocknet sein«, sagte Dri beiläufig. Ich wusste, was er damit meinte. Vor kurzem hatten wir unterhalb von Schaberg eine einsame Lichtung gefunden.

In einer kleinen Bodenmulde konnte man es sich dort im Gras gemütlich machen ohne Angst haben zu müssen, dass jemand vorbei kam. Mit einem breiten Grinsen erwiderte ich: »Dann muss ich aber noch etwas besorgen, hab' nichts dabei.«
Das war zwar nicht die ganze Wahrheit, schließlich hatte ich schon etwas »vorbereitet«, doch »dabei« hatte ich tatsächlich nichts.
»Nicht nötig, hab' ich vorhin schon erledigt!«
Ich habe ihn immer dafür bewundert, wie easy er in einen Laden gehen und Gummis kaufen konnte. Ich lief dabei immer Feuerwehrrot an.

Die S-Bahn fuhr ein und wir hatten Glück. Es war nicht viel los und wir hatten einen Viererplatz für uns alleine. Ich bin mal mit der Schule in den Wuppertaler Zoo gefahren. Sandra und Totto waren zu der Zeit ein Paar und haben im Zug nebeneinander gesessen und die ganze Zeit geknutscht. Junge mit Mädchen – dann geht das. Aber Dri und ich saßen uns lieber gegenüber. Dabei konnten wir die Beine ausstrecken und uns so wenigstens etwas berühren. Und wir konnten uns in die Augen schauen. Knutschen ging zwar nicht, aber heimlich Flirten. Wir verstanden uns auch ohne Worte.

Wenn ich sage, dass eine leere S-Bahn Glückhaben heißt, wie soll ich dann die überfüllte U-Bahn in Düsseldorf nennen, mit der wir in die Altstadt fuhren? Glück?! Warum die Bahn so voll war, weiß ich nicht. Vielleicht war sie es um die Zeit immer. Vielleicht war die Bahn vorher ausgefallen. Oder beides. Egal. Aber warum hatten wir Gltück, dass sie so voll war? Weil wir dicht aneinander gedrängt stehen »mussten« und somit in aller Öffentlichkeit uns näher kommen konnten als Sandra und Totto im Zug. Dri stand hinter mir und hielt sich an der Stange vor mir fest. Ich spürte seinen Atem im Genick, seine Wärme an meinem Rücken. Er ahnte nicht, welche Pläne ich für die Nacht mit ihm geschmiedet hatte.

Düsseldorf ist eine große Stadt und eine bunte. Nicht so Regenbogenbunt wie Köln und auch nicht so groß. Aber uns war sie groß- und vor allem bunt genug. Außerdem war sie für uns Schüler einfacher zu erreichen. Ein weiterer und sehr wichtiger Vorteil für uns war, dass Dris Schwester in Düsseldorf wohnte und dass er dort immer mal wieder übernachten durfte. Köln als Ziel wäre für Dri auch deswegen problematisch gewesen, weil Köln halt eine sogenannte »Schwulenhochburg« war oder ist. Nach dem Ohrfeigennachmittag hätte er Köln wohl besser nicht als Ziel angeben dürfen.

Cathelijne wusste natürlich inzwischen von dem Ohrfeigennachmittag, oder genauer: Dri hatte ihr erzählt, was der Auslöser der Ohrfeige war. Das sie jung von zu Hause ausgezogen war, kam nicht von ungefähr. Es gab sehr viele Themen, zu denen sie eine problematisch-andere Meinung wie ihre Eltern hatte. Das ihr kleiner Bruder schwul war, war für sie genauso natürlich wie der Sonnenaufgang am Morgen. Das Dri und ich ein Paar werden wusste sie schon, als wir beide es noch nicht einmal ahnten. Wir übernachteten auch gemeinsam bei ihr.
»Küssen und kuscheln geht in Ordnung,« hatte sie gesagt, »aber die Hände bleiben aus den Hosen und die Hosen bleiben oben!«.
Sie wollte uns aber nur damit aufziehen. Wer hätte schon Spaß »dabei« wenn die Schwester im Einzimmerappartement im Hochbett über einem live dabei ist?

Wir waren in Düsseldorf shoppen: Zwei neue Shirts, 'ne knallenge Jeans für Dri, Shorts für mich. Wir genossen die gemeinsame Zeit. Mit

einem Zwischenstopp in der CD-Abteilung ging es dann zur Rheinuferpromenade. Wir aßen Eis und schauten den Schiffen hinterher. Der Anblick eines Containerschiffes erinnerte mich an meinen Vater. Ok, er ist auf richtig großen Containerfrachtern zur See gefahren, kein Vergleich zur Rheinschifffahrt. Ein typischer Matrose war er. In jedem Hafen eine Geliebte und sonst sehr abergläubisch und konservativ. Seine Frauengeschichten führten dann auch zur Trennung von Mutter, ich muss da so sechs Jahre alt gewesen sein. Er war ja meistens auf See und selten zu Hause. Nach der Trennung habe ich ihn dann gar nicht mehr gesehen. Bis zum Unfall. Zur See gefahren ist er da schon nicht mehr, beriet für seinen Chef andere Firmen. Nach Mutters Unfall konnte er irgendwie sein Einsatzgebiet wechseln. Sonst hätte ich zu ihm nach Hamburg ziehen müssen. Von da an arbeitete er meistens von zu Hause aus und musste nur hin-und-wieder zu den Kunden. So ganz genau wusste ich es nicht.
Wusste noch nicht einmal, ob es mich überhaupt interessierte.
Ich denke, der Umzug war für seine Karriere sehr schlecht. Das hat er mir gegenüber nie zugegeben. Er tat es für mich, auch wenn mir das zu der Zeit noch nicht klar war. Ich konnte

ihn nicht richtig einschätzen, wusste nur noch das über ihn, was Mutter erzählt hatte – und das waren eher negative Andeutungen. Es war für mich sehr verwirrend, dass diese Andeutungen und das Bild, welches sie geschaffen hatten, nicht zu dem Mann passten, den ich nun neu kennenlernte. Über die Vergangenheit hat Vater auch nie viel erzählt. Nur einmal hat er ziemlich deutlich gesagt, dass er einen großen Fehler gemacht hat, als er mich zurück ließ.

Ich mochte mir gar nicht ausmalen, was passiert wäre, wenn ich zu Vater gegangen wäre und gesagt hätte, dass ich schwul bin. In meiner Fantasie war das für einen Matrosen, der in jedem Hafen eine andere hatte, das schlimmste, was passieren konnte. Irgendwie mag man ja denken, ein schwuler Matrose hätte ein prima Leben auf einem Schiff nur mit Männern. Ich glaube das nicht.

Wir saßen auf einer Bank und aßen unser Eis sehr schweigsam. Dadurch hatte ich viel Zeit zum Denken. Zu viel Zeit, zu viele Gedanken, Adriaans Vater war nur halb so kräftig wie meiner. Wie schmerzhaft mochte wohl eine Ohrfeige von ihm in meinem Gesicht sein, wenn die in Dris Gesicht mich schon so sehr schmerzte? Ich hatte kurz darüber nachgedacht mich zu outen. Dann kam der Ohrfeigennachmittag. Obwohl die Ohrfeige mich nicht körperlich traf, schlug sie mir dennoch alle Gedanken an mein Outing nachhaltig aus dem Kopf.

Wie lange Dri mich beobachtet hatte, wusste ich nicht. Aber er wusste, dass mir mein Grübeln nicht gut tat. Und er wusste, worüber ich nachdachte.

»Denk' nicht mehr an den Nachmittag. Denke an heute.«

Ich schaute in seine blauen Augen und musste lächeln. »Vor dir kann ich auch nichts geheim halten, oder?«, wollte ich wissen.

»Nein und dass ist auch genau richtig so! Komm jetzt. Lass uns zur Bismarckstraße gehen. Ich habe Hunger.«

Als Bismarckstraße bezeichneten wir die Ecke in Düsseldorf, in der sich ein paar Szene-Lokale befanden, die wir mochten. Auf der Bismarckstraße selber war ein nettes Bistro, dass wir beide sehr gerne besuchten. Dort gab es leckeres Essen das dazu noch Taschengeld tauglich war und wir konnten dort ganz ungeniert knutschen. Ein Ort, wo wir einfach wir selbst sein konnten. Kurz vor dem Bistro war mir vor einiger Zeit ein tiefer und dunkler

Hauseingang aufgefallen. Als wir dort vorbei kamen griff ich um Dris Hüfte und zog ihn hinein. Wir küssten uns leidenschaftlich.
Er aber zog mich wieder auf den Gehweg zurück und maulte: »Ich habe Hunger!«
Meine Antwort war: »Und ich freue mich mehr auf den Nachtisch...«

Unser Lieblingsplatz im Bistro war leider besetzt, aber dass störte uns wenig. Wir bestellten uns Spaghetti Bolognese und Cola. Wir aßen, redeten, knutschten und tranken. Ich kann nicht mehr sagen, in welcher Reihenfolge. Auch nicht worüber wir redeten. Das meiste war nicht wirklich wichtig, zumindest nicht wichtig genug, um es sich länger zu merken. Wir genossen das Leben und das beieinander sein, so als wären wir ganz normal.
Nun ist es endlich raus, das verfluchte Wort: Normal. Was ist schon normal? Wer ist Normal? Wer darf darüber entscheiden, was Normal ist? Mich kotzte dieses Wort an, weil es mir wie eine geladene Pistole ins Genick gehalten wurde. Und auch heute noch wird. Ich bin getauft, ich liebe andere Menschen, ich liebe Dri, ich bin Normal. Menschen hassen, verachten oder beschimpfen, weil sie anders sind als man selbst, das ist nicht normal. Dem Gott der

Liebe dienen, indem man hasst, das ist schlichtweg dumm, aber sicher nicht normal. Dri war gerade zum Klo gegangen und ich in die dunklen Orte in meinem Gehirn.
Als er zurück kam, ließ er mich natürlich keine Sekunde länger in der Dunkelheit meiner Gedanken verweilen: »Wenn Du nicht sofort aufhörst mit diesem Blödsinn, dann hol' ich am Bahnhof drei Flaschen Wodka und fülle Dich solange ab, bis du auf der Rückfahrt für mich im Zug strippst!«
Mir ging es in dieser Zeit nicht besonders gut, aber Dri schaffte es fast immer mich aus dem Sumpf der Traurigkeit herauszuziehen. Schade nur, dass wir nicht immer zusammen sein konnten.

Vermutlich hätte ich schon damals professionelle Hilfe gebrauchen können, aber mir war das völlig unklar. Dri war zwar klar, dass es mir schlecht ging, aber auf die Idee, einen Arzt um Rat zu fragen, kam er damals natürlich auch noch nicht. Dahin hat er mich erst viel später hingeschleppt, wofür ich ihm noch heute sehr dankbar bin. Mag er aber nicht hören, sagt dann immer, dass das purer Egoismus von ihm gewesen sei. Hätte er mich verloren, hätte er sich ja einen neuen suchen müssen.

Ich schweife ab, weil ich mich einer Schuld nähere, für die ich mich noch heute sehr schäme. Es war unrecht, was ich tat. So lange, so intensiv, so oft und so leidenschaftlich habe ich immer wieder gegen Vorurteile gekämpft. Doch durch ein Vorurteil habe ich mir selber Schuld aufgeladen. Aber ich hatte das Glück, ja: Glück, meinen Fehler erkennen zu dürfen. Nicht mein Verdienst, sondern, wie gesagt, Glück. Felix, der Glückliche.

Wir blieben an diesem Tag noch etwas im Bistro und vergaßen die Welt um uns herum. So wurden wir böse überrascht, als wir auf die Straße hinausgingen und erst dort bemerkten, dass es wieder zu Regnen angefangen hatte.
Damit fiel der Besuch »unserer« Lichtung in Schaberg buchstäblich ins Wasser. Da Dri nichts von meinem Plan wusste, war er sehr enttäuscht und frustriert, was mir aber nicht auffiel. Um ihn zu necken schlug ich vor, dass wir, statt zur Lichtung, ja zu ihm nach Hause fahren könnten.
Frustriert antwortete er: »Sehr komisch! Wir können ja auch zu Dir und mal schauen, was Deinem Vater so einfällt, wenn ihm klar wird, was wir vorhaben!«

Ich werde sein Gesicht nicht vergessen, als ich nur mit »Ok, also zu mir!« antwortete und ihn frech angrinste. Ich genoss seinen dämlichen Gesichtsausdruck für ein paar Sekunden (Dri behauptet bis heute, dass es eine halbe Stunde war!), nahm ihn im Regen in den Arm, zog ihn dicht vor mein Gesicht und erklärte: »Vater ist heute morgen dienstlich weggefahren und kommt erst Morgen Abend zurück. Wir haben Sturmfreie Bude!«

Ob Adriaan soviel wie »Freude« bedeutet, weiß ich nicht. Passen würde es. Aber nicht bloß in solchen Momenten. Dri ist einfach eine Frohnatur.

Für mein: »Ich kann also doch noch etwas vor dir geheim halten...« bekam ich einen heftigen Knuff in die Rippen und einen Erste-Hilfe-Kuss hinterher.

Wir waren sechzehn und wie alle Jungs in dem Alter war Sex etwas durchaus wichtiges. Es war unser Einstieg in die Welt der Erwachsenen. Das Dri und ich schwul waren spielte dabei gar keine Rolle. Vielleicht hatten wir es in der Beziehung sogar etwas einfacher, weil wir beide vom selben Geschlecht waren und daher die selben Bedürfnisse hatten. Ich habe mir sagen lassen, kann jedoch nicht auf eigene

Erfahrungen zurückgreifen, dass es da Unterschiede zwischen Männlein und Weiblein geben soll. Ich vermute, Heten-Boys haben es, wenigstens in dieser Beziehung, ein wenig schwerer.

Auch wenn ich hier von Sex erzähle, so ist und war Sex nie das, was unsere Beziehung ausgemacht hat. Da gibt es so unendlich viel mehr, es würde viele Bücher füllen. Sehr viele Bücher! Ich habe lange darüber nachgedacht, ob ich von der folgenden Nacht erzählen soll oder nicht. Aber ich erzählte von meiner Schuld, von dem Vorurteil, dass ich fällte und auf dem Weg dorthin lag auch diese Nacht voll Leidenschaft. Genau genommen fällte ich das Vorurteil schon vorher, aber das Glück, meinen Fehler erkennen zu dürfen hatte ich in dieser Nacht.

Wir fuhren also mit der S-Bahn nur nach Ohligs und stiegen nicht in den Zug nach Schaberg. Adrian würde bei mir übernachten. Ein Anruf bei Cathelijne und anschließend erfuhren seine Eltern, dass er spontan zu ihr gefahren sei, beide die Zeit vergessen hätten und dass Dri nun bei ihr übernachten wolle. Sie glaubten es.

Abend

Bei mir zu Hause angekommen passierten drei Dinge nahezu gleichzeitig: Die Wohnungstüre fiel hinter uns ins Schloss, Dris Rucksack landete auf dem Boden und seine Zunge drang in meinen Mund ein. Als Antwort darauf sorgte ich dafür, dass er als erster von uns beiden ohne Hemd dastand. Unsere Shirts kuschelten sich auf der Kommode aneinander und die Jeans vor meiner Zimmertüre. Die Shorts übernahmen den Job des Bettvorlegers. Wir knutschten und kuschelten, wir streichelten und onanierten uns gegenseitig. Letzteres aber nur kurz, mit sechzehn ist der Spaß sonst schnell vorbei. Dri gab mir einen heißen Kuss und hauchte mir »Warte kurz.« ins Ohr. Er lief in den Flur. Ich hörte den Reißverschluss seines Rucksacks, das reißen dünner Pappe, das auf den Boden fallen einer kleinen Pappschachtel. Dann stand er vor meinem Bett, setzte sich auf meine Oberschenkel und hielt mehrere Kondompäckchen hoch.
»Möchtest du lieber Erdbeere oder Banane?«
»Banane – Erdbeeren in lang mag ich nicht.«
»Dann nehme ich Erdbeere.«
Im nu hatte er das Päckchen offen und rollte mir den Präser über. Dann küsste er mich auf die Stirn, den Mund, den Hals, die Brust, den Bauch bis zum Schritt. Seine Zunge schleuderte

mich auf Wolke Sieben. Als ich wieder klarer denken konnte, lag er schon neben mir und streichelte sanft über meine Rippen. Ich drehte ihn sanft auf den Rücken um mich zu revanchieren und ihn zu mir ins Paradies zu holen.

Eine Weile lagen wir still aneinander geschmiegt im Bett. Ich stand auf und zog Dri ins Bad. Die Kondome entsorgten wir im Klo – ich weiß, da gehören die nicht rein, aber in den Mülleimer werfen war mir einfach zu riskant. Da hätte sie mein Vater entdecken können. Wir duschten gemeinsam, genossen das warme Wasser, seiften uns ein und massierten uns gegenseitig. Das blieb natürlich nicht ohne Folgen und so waren wir beide nach dem gegenseitigen Abtrocknen wieder »voll einsatzbereit«. Wir standen so vor dem Spiegel, dass wir beide zusehen konnten, wie ich Dri mit der Hand verwöhnte. Er genoss es, aber nur kurz. Dann nahm er die Hand weg, drehte sich zu mir um und flüsterte: »Ich möchte dich ganz.«
Leicht berauscht machten wir es uns »danach« unter meiner Bettdecke gemütlich. In Löffelchenstellung schliefen wir ein. Adriaan zuerst. Ich spürte seinen gleichmäßigen Atem, seine Wärme.Ich war glücklich, ahnte aber nicht, was auf mich zu kam.

Nacht

Es muss kurz vor drei Uhr gewesen sein. Ein Albtraum riss mich schweißgebadet aus dem Schlaf. Der Vollmond schien hell durch mein Fenster. Beängstigende Stille. Ich schob die Bettdecke bis zur Hüfte runter, suchte Dri mit meiner Hand, fand ihn neben mir. Er lag nahe der Bettkante, mit dem Gesicht zur Zimmertür. Seine Nähe beruhigte mich. Ich kuschelte mich an ihn an. Wir hatten das Licht im Bad angelassen, die Türen nicht zugemacht. Was ich geträumt hatte wusste ich nicht mehr. Geblieben war nur ein Gefühl. Ich fühlte mich mies. In der Zeit hatte ich oft Albträume. Fast nie blieb etwas anderes übrig als dieses miese Gefühl. Fast nie konnte ich danach gleich wieder einschlafen. Lag dann immer ein- oder zwei Stunden wach und dachte nach. Dachte viel nach. Zu viel.

Der Abend mit Dri war wunderschön, doch gleichzeitig waren da auch Zweifel. Ganz leise Zweifel. Aber das sind die schlimmsten. Laute Zweifel sind wie ein dicker Regenschauer. Schirm aufspannen und gut ist. Leise Zweifel sind eher wie Nebel. Da hilft kein Schirm, man wird trotzdem bis auf die Knochen feucht.

Ganz langsam und unaufhaltsam. Ich hatte Sex mit einem Jungen und ich hatte Spaß dabei. aber da sind diese allgegenwärtigen Aussagen, dass das nicht »normal« sei, dass es »krankhaft« sei. Ich wollte aber weder krank noch anormal sein. Meine Zweifel aber waren wie Nebel, dessen kalte Feuchtigkeit mich voll erwisch hatte.

Wieso wird Homosexualität eigentlich immer auf Sex reduziert? Klar, Dri und ich schliefen an diesem Abend miteinander, aber vorher fuhren wir gemeinsam im Zug, gingen gemeinsam shoppen, aßen gemeinsam Eis, quatschten miteinander im Bistro – aber das spielt, sobald es um Schwule geht, keine Rolle mehr.

Was mir wichtig ist und auch in dieser Nacht wichtig war: Nicht alleine sein. Jemanden haben, der mich liebt. Jemanden haben, mit dem ich leben und glücklich sein kann. Und der Name dieses »Jemanden«: Adriaan!

Ein Leben mit Dri, eine gemeinsame Zukunft. Einige Monate nach dieser Nacht wurde ich 18 Jahre alt. Dri genau 25 Tage vorher. Dann, so planten wir, wollten wir in eine gemeinsame Wohnung ziehen. Auch das stellte ich mir in

dieser Nacht vor. Ein Tagtraum in der Nacht, quasi. Ich sah uns zusammen die Wohnung renovieren, Möbel aussuchen. Aufräumen, Abwaschen, Essen, auf der Couch den Feierabend genießen, lecker Essen. Ich sah uns streiten und versöhnen, diskutieren und respektieren. Zu Hause habe ich das so nie gesehen, also zwischen meinen Eltern. Da gab es Streit und Scherben. Aber nur, wenn Vater zu Hause war. Kam aber nicht oft vor.
Ich sah in Dris und meiner Wohnung aber auch ein Kinderzimmer.

Was ist für ein Kind wohl besser? Vater und Mutter, die sich streiten und trennen oder zwei Väter die sich lieben? Zu Weihnachten laufen alle in die Kirche und feiern ihren Gott der Liebe. Wenn gerade kein Weihnachten ist, erklären sie die Liebe zum Teufelswerk. Das ist dann aber Normal. Auch ein Gedanke dieser Nacht.

Wenn ich in besagter Nacht davon träumte Kinder zu haben, dann nicht weil ich eine Frau schwängern wollte, sondern weil Kinder Glück sind. Wie ich damals zu dieser Ansicht gekommen bin, weiß ich nicht mehr. Mir war aber völlig klar, wie ich mich um meine Kinder

kümmern würde. Oder besser: Mir war klar, was ich auf gar keinen Fall meinen Kindern antun würde. Da gäbe es keine dunklen Geheimnisse. Ich würde auch nicht zehn Jahre völlig von der Bildfläche verschwinden. Und ich würde nicht einfach bei einem Autounfall sterben.
Zugegeben, der letzte Punkt war unfair. Mutter konnte nichts für den Unfall und gewollt hat sie ihn sicher auch nicht. Trotzdem ließ sich mich alleine zurück und deshalb war ich wütend auf sie.
Vater hingegen ging freiwillig. (Mehr oder weniger, aber das wusste ich damals noch nicht.) Aber dafür kam er zurück, freiwillig, was ihn einiges gekostet hat und damit meine ich nicht Geld.

Plötzlich stand da diese Frage im Raum: Warum hat Vater in Hamburg alles aufgegeben und ist zurück gekommen?

Ich war auch auf Vater wütend, weil er weggegangen war. Aber die Warum-Frage passte der Wut nicht, weil meine Wut sich in ihrer Existenz bedroht sah.

Noch schlimmer als die Frage, war die Antwort, die mir darauf einfiel. Aber die passte noch viel weniger in meine bisherige Sicht der Dinge.

Selbst wenn die Antwort richtig wäre, so kämpfte meine Wut ums überleben, spätestens in eineinhalb Jahren hätte ich meine Beziehung zu Dri nicht mehr verheimlichen können. Wir wollten zusammenziehen. Eine WG unter besten Freunden mit nur einem Doppelbett? Selbst wenn die Antwort richtig wäre, spätestens dann wäre es zu einem Ende gekommen. Dris Vater hat ihn schließlich auch geliebt – bis zum Outing.

Ich malte mir aus, wie mein Outing gegenüber Vater verlaufen würde. Immer und immer wieder tat ich es. Eine Art Endlosschleife, oder besser gesagt eine Teufelsspirale. Denn beim ersten Mal stellte ich mir Vater schimpfend vor. Später wurde daraus eine Ohrfeige, dann ein Fausthieb und so weiter. Zwischendurch erschien, wie eine Werbeunterbrechung, immer wieder die Szene, wie mein Dri von seinem Vater ins Gesicht geschlagen wurde.

Dri hustete und riss mich dadurch aus dieser Gedankenspirale heraus.

Eine andere Frage nutzte die Gelegenheit und stellte sich in den Raum: Geht es auch anders? Wir hatten ein paar Tage zuvor im Religionsunterricht über Teufelsspiralen gesprochen, weiß gar nicht mehr, wie es dazu kam. Mein Reli-Lehrer liebte es, alles in Frage zu stellen. Geht es auch anders? Ich dachte lange darüber nach. Vielleicht nur aus Furcht vor der Teufelsspirale und dem miesen Gefühlt, dass sie verursacht hatte. Im Dschungel meines Gehirns fand ich, durch Glück, die Erkenntnis, dass meine Angst vor meinem Outing gegenüber Vater das Resultat des »Ohrfeigen-Nachmittags« war.

Nichtsdestotrotz wusste ich nicht, wie Vater reagieren würde, wenn er erfahren würde, dass ich schwul bin. Vielleicht nicht mit einer Ohrfeige, aber dass er es einfach akzeptieren würde, dass konnte ich mir absolut nicht vorstellen.

Dann passierte etwas, das mich vor Schreck lähmte: Die Wohnungstüre wurde aufgeschlossen.

Irgendetwas war schief gelaufen. Aus irgendeinem Grund hatte sich der Plan geändert. Wie ein Blitz traf mich die Erinnerung: Dris oranger

Rucksack neben der Tür, die Kondompackung daneben, unsere Shirts auf der Kommode, unsere Jeans vor meiner Zimmertür. All das musste Vater in genau diesem Moment sehen und ihm musste klar werden, was Sache ist. Dris Jeans hätte er noch für eine Mädchenhose halten können, aber sein Shirt wohl kaum. Unschlagbarer Beweis für Dris Anwesenheit war jedoch sein oranger Rucksack. Dazu die leere Kondompackung.

Ich hatte mich gefragt, wie Vater auf mein Outing reagieren würde und in wenigen Momenten sollte ich die Antwort bekommen. Wenige Momente, die sich wie eine Ewigkeit anfühlten. Noch immer wie gelähmt, lag ich an Dri angekuschelt, hatte die Zimmertüre im Blick. Was ich sah, war aber Kopfkino.

Der Film läuft: Vater sieht und erkennt Dris Rucksack. Unsere Klamotten verraten ihm, dass wir nackt sind. die Kondompackung beseitigt den letzten Zweifel. Felix, sein Sohn, ist schwul! In ihm kocht die Wut auf. Er reißt den Ledergürtel aus meiner Jeans, stürmt brüllend in mein Zimmer. Sein Arm hebt sich und ich höre ein Zischen. Dann ein Knall, noch ein Zischen, noch ein Knall. Dri springt panisch

aus dem Bett. Der Schmerz erreicht mein Bewusstsein.
Filmriss im Kopfkino. Die Leinwand wurde dunkel.

Mein Herz schlug laut. Mich wunderte dass Dri davon nicht wach wurde. Dann erschien Vater im Türrahmen. Er griff nach unseren Jeanshosen, hob sie auf. Ich war zwar noch wie gelähmt konnte aber wenigstens die Augen schließen. Wollte nichts mehr sehen, hoffte dadurch unsichtbar zu werden.

Ich hörte ein Geräusch, es klang etwa so als fiele Stoff auf einen Stuhl. Dann spürte ich Vaters Nähe. Er war da. Er sah uns. Aneinander gekuschelt und nackt. Hätte ich wenigstens die Bettdecke hochgezogen. Bettdecken können kleine Jungs vor Monstern schützen, vielleicht können sie große Jungs vor Vätern schützen?

Was sollte als nächstes kommen? Geschrei? Schmerzen?

Ich spürte, wie Vater die Bettdecke hochzog, mich auf die Stirn küsste und »Gute Nacht, Boys« flüsterte.

CHRIS MERSCHEIDER

VERZAUBERT AUF JUIST

sbv

Verzaubert auf Juist

Stolpernd verlasse ich die Fähre und habe endlich wieder Inselboden unter den Füßen. Kindheitserinnerungen sind es, die eine tiefe Verbindung meiner Seele mit diesem langgestreckten Sandhaufen in der Nordsee erzeugen. Es ist sonnig, eine leichte Brise salzig duftender Seeluft streift über mein Gesicht. Tief inhalierend setze ich meinen Rucksack auf, ziehe die Gurte straff – habe nur wenig Gepäck dabei, werde wenige Tage bleiben. Eine kurze Auszeit, die ich im Moment wieder einmal dringend benötige.

Auf die harte Tour musste ich lernen, die Signale meines Körpers und meiner Psyche zu verstehen – und zu beachten.

War ziemlich knapp, damals. Aber eins weiß ich genau: nie wieder! Letztes Mal ist es noch relativ gut gelaufen, wer weiß, wie es beim nächsten Mal enden würde. Wer weiß, ob ich noch einmal soviel Glück hätte. Diese Gedanken habe ich aus der Psychiatrie mitgenommen und seit dem sind sie die »Alarmsirene« meiner Psyche. Immer, wenn ich nicht richtig auf mich aufpasse, holt sie diese Gedanken hervor und hält sie plakativ vor mein inneres Auge. Dann weiß ich, dass ich wieder mehr Acht auf mich

geben muss.
Diesmal konnte ich mir ein paar Tage frei nehmen, hierher fahren. Lesen im Zug, Wellen gucken auf der Fähre. Nun werde ich zu meiner kleinen Pension laufen, den Weg genießen, die Luft, die Sonne. Jeder Schritt wird mich verlangsamen. Ich werde genauso schnell wie sonst laufen, genau die selben Schritte machen, aber meine innere Uhr wird mehr und mehr im gemächlichen Rhythmus der Insel ticken.
Noch ist es voll hier, wie immer kurz nachdem die Fähre angekommen ist. Pferdekutschen, mit Touristen beladen, fahren an mir vorbei. Hufeisen klappern rhythmisch auf dem Pflaster. Juister Geräuschkulisse, frei von Autolärm. Im Ort genieße ich das bunte Treiben, lausche den Gesprächsfetzen der entgegenkommenden Leute. Kurze Unterhaltungsfragmente, deren Bedeutungen mir verschlossen bleiben – was sie dadurch für mich reizvoll machen.
»... kannst du doch auch bei ...«
»... dass du das sagst, sonst ...«
»... lieber das rote! Mama! Bitte ...«
Vieles ist hier noch wie früher, manches hat sich geändert. Vermutlich würde ein Juister etwas ähnliches auch über meine Heimat sagen können, wenn er dort nur alle paar Jahre Urlaub machen würde.

Zuhause bekommt man Veränderungen nicht so leicht mit, wie an Orten, die man nur dann und wann besucht. Ähnliches gilt für die eigene Seele.

Im Ort biege ich links ab. Soviel hat sich hier nicht verändert, dass ich ein Navi bräuchte, um den Weg zu finden.
Die leichte Brise, die sanftmütig über die Insel zieht, trägt einen verführerischen Duft aus dem Fischrestaurant in meine Nase. Jedenfalls muss ich mir keine Gedanken mehr machen, wo ich nachher essen werde. Und noch etwas trägt die Luft zu meinen Sinnen: die leisen Töne einer Gitarre.
Eine Melodie, die ich kenne, aber nicht benennen kann. Wenige Schritte später sehe ich das Instrument bei einem der Tische vor dem Fischrestaurant. Mein Blick wandert zum Gesicht des Musikers und mich trifft ein heftiger Schlag. Ein Schmerz in meiner Schulter. Vor mir eine Kutsche.
»Nach vorne gucken!«, ruft ein älterer Herr, offensichtlich ein Fahrgast, vielleicht ebenfalls ein neuer Urlaubsgast, auf dem Weg in seine Unterkunft.
»Alles in Ordnung?«, fragt er etwas besorgt.
»Ja, danke, alles gut«, stottere ich etwas be-

schämt über meine Tollpatschigkeit und laufe schnell weiter.
Außer Sichtweite zwingt sich das Gesicht des Gitarrenspielers in mein Bewusstsein. Meine Schulter schmerzt plötzlich nicht mehr, meine Füße scheinen den Boden nicht mehr zu berühren. Mein Herz pumpt ein Gefühl durch meine Adern, dass sich viel zu lange nicht mehr bei mir hat blicken lassen.
Nur kurz kann ich dieses berauschende Gefühl genießen, dann schießt eine weitere Erinnerung in mein Bewusstsein: Neben dem zuckersüßen Typen mit dem Lächeln eines Elfen auf Honigkuchen, dessen muskulöse Arme lässig aus einem, für seine breiten Schultern etwas zu schmalen marineblauen T-Shirt heraus kamen, den Ärmelstoff spannten und ihn spielend mit nur einem kleinen Zucken hätten zerreißen können, statt dessen aber die kräftigen Hände auf den Saiten des Instruments tanzen ließen, neben diesem Traum von Kerl saß eine lachende junge Frau, die vermutlich jeder Hetero attraktiv genannt hätte, und zerstört nun mein Glücksgefühl, holt mich auf den Boden der Tatsachen zurück und lässt mich schmachten. Lässt mich höchstens hoffen, ihn wenigstens, vielleicht, mit etwas Glück, noch einmal wieder zu sehen, im Vorbeigehen unauffällig anzuschauen,wei-

tere Bilder von ihm in meinem Gedächtnis abspeichern zu können. Bilder zu sammeln für Tagträume.

Beinahe träume ich an meiner Unterkunft vorbei, oder soll ich sagen: schwebe vorbei? Andere, möglicher Weise vorhandene Zeugen, würden vermutlich bei einer polizeilichen Vernehmung »Vorbeilaufen« oder »Vorbeigehen« zu Protokoll geben.

Nach den Formalitäten in der Unterkunft und dem, zeitlich von mir auf das absolute Minimum begrenzte, Beziehen meines Zimmers, eile ich zum Fischrestaurant zurück. Ich habe Hunger! Wegen der langen Zugfahrt. Oder wegen der Seeluft oder wegen – was weiß ich. Warum suche ich nach einer Ausrede? Was mich treibt ist die Hoffnung, dass »er« noch da ist.

Leer! Sein Tisch wird grade abgewischt, sein Stuhl ist ran geschoben. Neue Gäste haben den Platz im Visier und laufen zielstrebig hin, bereit um in die Schlacht zu ziehen für ihr Vorrecht auf diesen Tisch.
In der Hoffnung, »er« könnte vielleicht nach drinnen gewechselt sein, betrete ich das Lokal,

obwohl ich jetzt weder Hunger noch Lust zu essen verspüre. Wenn ich jetzt einfach rausgehe, wäre mein Verhalten sehr auffällig und peinlich. Doch die Beliebtheit der Gaststätte rettet mich: kein einziger freier Sitzplatz ist zu erkennen und ich verlasse mit schlecht gespielter Enttäuschung das Restaurant, nehme den Fischgeruch jetzt eher als zu aufdringlich wahr und suche das Weite, wandere durch den Ort, schlendere über den Kurplatz, schaue Kindern am Schiffchenteich zu, wie sie ihre Bötchen auf die letzte Reise für diesen Tag schicken.
Später, mein Magen fordert lautstark knurrend eine Aufgabe ein, entschließe ich mich, dass es ein Döner werden soll. Weder eine typisch norddeutsche Speise, noch eine juister Spezialität. Aber für mich an diesem Abend das Richtige.

Essend schlendere ich durch den Ort, habe nur noch einen Gedanken. Irgendwann finde ich mich auf der Aussichtsplattform des Seezeichens am Ende der Seebrücke wieder, schaue aufs Wattenmeer und genieße den Abend.

Auf dem Weg in meine Unterkunft entdecke ich einen Pub, den ich noch nicht kenne. Früher war hier ein kleines italienisches Restaurant.

Statt »il Tricolore« weht nun die Flagge Schottlands über der Tür. Spontan bekomme ich Lust auf einen Scotch und betrete das Lokal, tauche ein in ein Wirrwarr aus Stimmen und ausgelassenem Lachen.
Dichtgedrängt sitzen die Gäste auf Stühlen aus dunklem Holz vor unzähligen Tischen, die, ebenso wie Wand- und Deckenverkleidung, aus selbigem Material gefertigt sind. Flackernde Kerzen akzentuieren die gekonnt versteckte Beleuchtung. Der Barkeeper winkt mir und deutet auf einen freien Hocker direkt vor ihm. Da es scheinbar der letzte verfügbare Sitzplatz ist, nehme ich seine Aufforderung dankbar an.

Ich entscheide mich für einen sechzehn Jahre alten Balvenie Triple Cask. Die Bestellung läuft etwas holprig. Der Barkeeper, mit seinen feuerroten Haaren und Dubliner Akzent würde ich ihn eher in einem Irish Pub erwarten, spricht nur Englisch. Aber an der Sprache liegt es nicht. Mit meinem Englisch gehe ich schon fast als Muttersprachler durch und der Irische Akzent hat mir noch nie Probleme bereitet. Es ist einfach zu laut.

Kurz schwenke ich den Balvenie, schaue zu, wie sich Tränen am Glas bilden.

Als der erste Schluck über meine Zunge rinnt, wird es kurz leise. Fruchtig-würzig mit einer raffinierten Vanille-Note bringt der Whisky meinen Geschmackssinn zum jubilieren. Dass die kurze Stille nun von einer leicht rauchigen Stimme, begleitet durch die Klänge einer Gitarre, verdrängt wird, lässt mich mein Single Malt nur verzögert realisieren.
Suchend drehe ich mich um, entdecke eine kleine, improvisierte Bühne am anderen Ende des Pubs. Von meiner Position kann ich den Sänger nicht erkennen, weil eine Säule meiner Sicht im Weg steht. Ich beuge mich vor – und erkenne »meinen« Gitarrenspieler aus dem Fischrestaurant.

Von meinem Platz aus kann ich, ohne groß aufzufallen, nur kurz schauen. Nur wenige Bilder, aber dafür Sound. Seine erotische Stimme tanzt durch meinen Schädel, wirbelt meine Gedanken durcheinander. Mit geschlossenen Augen genieße ich den Gesang, den Whisky und die wenigen Bilder von ihm in meinem Gedächtnis.
Irgendwann, weiß nicht, wie lange er musizierte, bittet er mit einem kleinen Scherz um eine kurze Pause. Seinen Akzent nach vermute ich, dass er Däne ist. Ich drehe mich vom Tresen weg, hoffe ihn in seiner Pause sehen zu können.

Das Glück ist mit mir – er läuft quer durch das Lokal, spricht kurz mit dem einen oder anderen Gast und setzt sich dann – leider mit dem Rücken zu mir, an einen der Tische. Jetzt erkenne ich auch seine Begleitung aus dem Fischrestaurant wieder. Sie sitzt, lächelnd, ihm am Tisch gegenüber. Was würde ich dafür geben, jetzt an ihrer Stelle dort zu sitzen!

Am Ende seiner Pause kann ich noch ein paar Blicke auf ihn erhaschen, dann verschwindet er wieder hinter der Säule und ich wende mich dem Rest meines Single Malt zu.
Zu den Klängen von »Scotland the Brave« rinnt mir der letzte Schluck des Getreidemaische-Destillates über die Zunge. Deutlich spüre ich den vorher konsumierten Alkohol schon in meinen Adern zirkulieren und nicht nur deshalb fühle ich mich so anders.
Der Barkeeper bietet mir freundlich noch ein Glas an, ich wechsel lieber zu einem leichten Bier – ansonsten würde der Rest des Abends für mich weniger angenehm als bisher verlaufen.

Zwei Gläser Bier später endet das Konzert. »Mein Däne« verlässt das Lokal – leider wohl durch einen Hinterausgang, so dass ich ihn nicht mehr zu sehen bekomme. Dennoch glücklich über diesen Abend verlasse auch ich den Pub. Mit leicht eingeschränktem Gleichgewichtssinn laufe ich zu meiner Unterkunft und freue mich auf mein Bett.

In meinem Zimmer rächt sich der übereilte Aufbruch vorhin. Mein Rucksack liegt natürlich noch ebenso unausgepackt auf dem Bett, wie ich ihn dort abgelegt habe. Kurz richte ich mich hier ein, mache mich bettfertig und versenke dann meinen Kopf im Kissen. Duftet nach Lavendel-Weichspüler.
Wie mein Schädel die Daunen in zwei Gruppen teilt, so teilen mich meine Gefühle. Hoffnung und Verliebtheit auf der einen, Resignation und Pessimismus auf der anderen.
Ich falle – in ein Gefühlschaos und in einen tiefen Schlaf. Ein Schlaf voller Träume, der aber wenig Erholung bietet.

Mein Frühstück fällt, zumindest zeitlich betrachtet, recht knapp aus, was vor allem daran liegt, dass ich lange im Bett geblieben und nun so spät dran bin, dass das Frühstücksbuffet abgeräumt wird, während ich den letzten Schluck Kaffee trinke. Das ist nicht der Unfreundlichkeit des Personals geschuldet, sondern dem

Platzmangel – gleich schon wird das Mittagsbuffet aufgetragen.

Jetzt muss ich endlich meinen Rucksack auspacken und die Sachen im Schrank verstauen. Endlich fertig mit der lästigen Pflicht, zieht es mich hinaus. Ziellos schlendernd lande ich schließlich im Nationalpark-Haus Juist und schaue mir die Ausstellung an. Ich liebe es, im Urlaub so schön planlos zu sein.

Mit knurrendem Magen spaziere ich in dem Moment am Fischrestaurant vorbei, als ein älteres Paar genau den Tisch verlässt, wo gestern noch »mein Gitarrenspieler« saß. Ein Angebot des Schicksals, das ich nicht ablehne.

Perspektivenwechsel – so sah es gestern für ihn aus.
Die von mir erhoffte Nähe zu ihm stellt sich nicht ein. Beim Essen fällt mein Blick immer wieder auf den Stuhl, wo seine Begleitung saß. Bin mir gar nicht mehr so sicher, ob sie überhaupt hübsch war.
Das Essen, Kabeljaufilet auf Spinat-Linsen, ist gut gemacht – dass meine Begeisterung sich in Grenzen hält, dass muss aus Fairness gesagt werden, liegt mit aller Wahrscheinlichkeit nur

an meiner momentanen Verfassung. Dass ich auf Juist bin, hat ja einen guten Grund.

Bin auf dem Weg zu meiner Unterkunft, werde dort mein heißgeliebtes Tablet holen und mit ihm den scheinbar endlosen Sandstrand entlang spazieren.
Das Gerät nutze ich vor allem für zwei Dinge: zum Fotografieren und zum Schreiben.
Zugegeben, die Fotos sind nur von mäßiger Qualität. Eigentlich sind es Schnappschüsse, aber ich brauche sie für meine andere Leidenschaft: dem Schreiben.
Heute kommen mir unzählige Muscheln vor das Objektiv – und Nordseewellen, Wolken, Abdrücke im Sand, vereinzelte Steine, angespülter Müll, (oder, poetischer ausgedrückt: Strandgut) sowie die ein oder andere Möwe. Die eine ganz, die anderen nur in Teilen, sprich: einzelne Federn.

Mich inspirieren diese Bilder. Ich schaue sie an und schon beginnen sie, mir die abenteuerlichsten Geschichten zu erzählen. Wie zum Beispiel ein Hundepfotenabdruck im Sand und direkt daneben ein fingerdickes Loch. Soeben fotografiert und schon sehe ich einen Piraten-Pudel mit Holzbein, setze mich an den Dünenrand, wo ich

auf etwas Windschatten hoffe und fange an, die Geschichte auf meinem Tablet zu schreiben.
Die Worte fließen fast schneller, als ich schreiben kann, ich summe in einer Art Trance die Melodie eines Piratenliedes.

Wertvolle Momente, die mir so unendlich gut tun, die meine Seele reparieren, die die Akkus meiner Psyche aufladen. Ich schreibe, ich summe, ich sehe die Geschichte auf der ganz großen Leinwand in meinem Kopf, ich höre den Text des Piratenliedes: »Wir lieben die Stürme, die brausenden Wogen ...«
Ich schreibe wie besessen, und schreibe und schreibe und höre immer wieder das Lied: »Wir treiben die Beute ...« – Stopp!
Wie ein Blitz trifft mich ein Gedanke, lässt mich zusammenzucken – ich kenne die Melodie, nicht aber den Text.
»... am Grunde des Meeres ...«
Diese Stimme, diese leicht rauchige Stimme, begleitet von Gitarrenklängen. Den Bruchteil einer Sekunde brauche ich, um mich umzudrehen. Dann schaue ich direkt in seine Augen.
»Sorry, erschrecken wollte ich dich nicht. Ich war aber vor dir hier – hast du mich etwa nicht bemerkt?«, fragt er mich, mit seinem bezaubernden Lächeln im Gesicht.

Ich stammel verlegen irgendetwas unverständliches vor mich her.

Nur vier Meter von mir entfernt, mitten im Strandhafer, sitzt »mein Gitarrenspieler« - und ich war so in dem Foto und seiner Geschichte vertieft, dass ich ihn übersehen habe.
»Tut mir wirklich leid, aber du warst so in Gedanken und dann hast du immer wieder diese Melodie gesummt – da bin ich einfach mit eingestiegen ...«
»Schon O.K.,« ich stammel noch immer, »habe dich nicht bemerkt.«
Wortlos haben wir uns auf das Du geeinigt, was mir mehr als lieb ist.
Es folgt ein kurzes, peinliches Schweigen.
»Du bist Autor, oder?«, fragt er mich und deutet auf mein Tablet.
Ich nicke nur – leider.
»Ja, dass habe ich mir schon gedacht. Wird das ein Buch?«
»Ähm, nein – ich schreibe Theaterstücke. Aber leider nicht sehr erfolgreich.« (Danke, Sprachzentrum in meinem Gehirn, dass du auch mal wieder aktiv wirst – aber muss es gleich ein so dämlicher Satz sein? »Bin nicht erfolgreich ...«)
»Ich gehe gerne ins Theater!«, sagt mein Gegenüber, spielt eine leise Tonfolge auf seiner

Gitarre und schaut mir kurz, aber intensiv in die Augen.

»Du bist Musiker!« (Danke, Gehirn – geht es noch tiefsinniger?)

»Nur in meiner Freizeit. Das ist nicht mein Beruf.«

Dass ich dumm rumstammel, wie ein verknallter Teenager, scheint ihn nicht zu stören.

»Du hast gestern im Pub gespielt.«

»Ja, hat es dir gefallen? Von der Theke aus konntest du ja nicht so gut sehen ...«

»Oh, ich bin dir aufgefallen?«

»Ja,« lacht er, »dass auch – tut deine Schulter noch weh? Wie du die Kutsche erwischt hast, dass muss sehr schmerzhaft gewesen sein.«

»Das hast du auch gesehen?«, staune ich.

»Ja.« Schultern zuckend fährt er fort: »Das war ja direkt vor meiner Nase – wäre schwer gewesen, dass nicht zu bemerken.«

Sein schelmisches Lächeln ist eine Stolperfalle, an der sich mein Sprachzentrum nur zu bereitwillig der Länge nach auf die Schnauze legt.

»Die ... ja, nee, ... äh, ... Schulter O.K. – nee, äh, tut nicht mehr weh.«

Bin ich peinlich - am liebsten würde ich im Boden versinken.

Er spielt ein paar Töne des Liedes, schaut nachdenklich aufs Meer hinaus und stimmt dann

ein: »Wir lieben die Stürme, die brausenden Wogen ...« Abrupt bricht er ab.
Nur zu gerne wüsste ich, welcher Gedanke ihm da eben durch den Kopf schoss, denn jetzt wirkt er verunsichert. Sein Blick springt ziellos hin und her, vermeidet aber die Richtung, in der ich sitze. Ein tiefer Atemzug, ein Nicken, sein Lächeln kehrt zurück.
»Wenn dir meine Musik gestern gefallen hat, dann komm doch nachher wieder vorbei – ich spiele heute noch einmal im Pub.«
In seinen Augen liegt ein Ausdruck, den ich nicht zu deuten vermag.
»Ja – gerne!« (O.K., zugegeben, die Antwort ist auch nicht geistreich – aber sie ist goldrichtig. Danke Gehirn, wenigstens diesmal nichts versemmelt!)
»Prima, ich lasse einen Tisch für dich reservieren!« Er springt auf und läuft los. »Muss jetzt los, bis später!«
»Bis später!«, rufe ich ihm irritiert hinterher.

Ich bleibe einfach sitzen, schaue aufs Meer und denke nicht einmal – tue einfach nichts.
An weiterschreiben ist nicht mehr zu denken. Die Flut kommt, ein Sturm scheint auch auf zu ziehen und ich mache mich auf den Weg in meine Unterkunft.

In meinem Zimmer versuche ich verzweifelt aus den wenigen Klamotten eine Kombination zusammen zu stellen für – ja, für was denn eigentlich?
Ich schalle mich einen Idioten.
Nichts!
Es ist nichts, was ich habe!
Ich werde in einen Pub gehen, etwas essen, trinken, Musik hören, die ein Gitarrenspieler performt, dem ich heute zufällig am Strand begegnet bin. Er wird so nett sein und für mich einen Platz reservieren lassen.
Vielleicht kommt er kurz vorbei, etwas Small Talk. Möglicherweise stellt er mir auch seine Freundin vor.
Seine Freundin – gestern im Restaurant und abends im Pub war sie ja schließlich mit ihm zusammen auf dieser Ferieninsel, warum sollte seine Begleitung also nicht seine Beziehung sein?
Ich darf in diese Einladung nicht zu viel hinein interpretieren. Einfach nur ein reservierter Tisch. Eine kalte Dusche wird mir jetzt gut tun.

Als ich mich abtrockne, weiß ich auch, was ich anziehe.
Die Musik wird wieder gut sein und so freue

ich mich dann doch noch auf einen einfach netten Abend.

Die frische Nordseeluft weht vom offenen Meer durch den Ort und steht im Kontrast zu der Luft im Pub.
Einen Moment lang bleibe ich in der Eingangstür stehen und blicke mich um. Es ist schon wieder sehr voll, fast wie gestern Abend. Kurz überlege ich, ob ich nach einen für mich reservierten Tisch fragen soll. Doch was soll ich sagen, wenn ich gefragt werde, auf welchen Namen reserviert wurde? Wir haben heute am Strand nicht über unsere Namen gesprochen. Mein Gitarrenspieler heißt Anders Rasmussen - draußen hängt ein Plakat, dass ich gestern übersehen haben muss. Das hilft mir jetzt nicht weiter. Auf meinen Namen, Till Bausch, kann hier nichts reserviert sein.
Anders ist nicht zu sehen. Wie es scheint, wird grade die Bühne aufgebaut. Vermutlich ist er hinter der Bühne oder holt Equipment von irgendwo. Hilft mir aber grade auch nicht weiter. So langsam wird es peinlich, dass ich wie blöde hier an der Tür stehe.

»Hi, du musst der Gast von Anders sein, oder?« Die Stimme kommt von Links. Etwas zu

schnell drehe ich mich um und sehe seine »Freundin«.
»Äh, ja, ich denke schon - er wollte einen Tisch für mich reservieren lassen.«
Sie trägt ihr Haar heute Abend zu einem Pferdeschwanz zusammen gebunden und ist ganz in schwarz gekleidet, wenn man von den rosa Turnschuhen absieht.
»Ja, komm mit!«, fordert sie mich auf und deutet mit einem Notizblock in der Hand auf einen leeren Tisch vor der Bühne.

Zwei Stühle. Ich setze mich auf einen von beiden.
»Kann ich dir schon etwas zu trinken bringen?«
Für den Anfang bestelle ich eine Limo.
»Anders ist noch mit dem Aufbau beschäftigt, er wird aber sicher gleich vorbeikommen.«
Ich nicke nur kurz und dann verschwindet sie auch schon in Richtung Bar.

Meine Limo kommt auf einem großen Tablett, das mit Getränken überfüllt ist.
Als ich den ersten Schluck trinke, kommt Anders mit irgend einem kofferähnlichen Gerät auf die Bühne. Er sieht mich und fängt sofort an zu lächeln. Das »Ding« stellt er ab und kommt zu mir, reicht mir die Hand.

»Hi! Schön dass du gekommen bist.«
Ich antworte und freue mich auch. Doch dann ist da noch ein anderes Gefühl, ein Gedanke - vielleicht eine Hoffnung?
Nein, dafür gibt es keinen Grund und so schiebe ich den Gedanken bei Seite. Anders ist ebenso schnell wieder auf der Bühne. Im weggehen entschuldigt er sich, weil er jetzt noch weiter aufbauen müsse.

Von meinem Platz aus beobachte ich, wie Anders sein Equipment aufbaut und die Gitarren stimmt. Eine akustische, eine elektrische, Mikrofone, dutzende Kabel und dann noch dieser Koffer stehen auf der kleinen Bühne.
Viel interessanter finde ich allerdings seine muskulösen Oberarme. Wenn er seine Bizepse anspannt, wird mir immer leicht schwindelig. Ich rieche kurz an meiner Limo, um zu prüfen, ob sie vielleicht »mit Schuss« serviert wurden.

Meine - definitiv alkoholfreie - Limo, oder besser, dass was von ihr noch übrig ist, steht vor mir und ich starre auf den Eichstrich des Glases, versuche meine Gedanken zu sortieren, versuche zu verdrängen, mir keine falschen Hoffnungen zu machen, mich nicht zu verlie... Denke, das letzte Wort nicht einmal zu Ende.

Ich greife zur kleinen Speisekarte, versuche mich mit dem Angebot abzulenken, doch dann lenkt mich der Soundcheck auf der Bühne ab. Anders schaut zu mir, lächelt - nur kurz, da Zeitgleich ein grauschläfiger Herr die Bühne betritt. Anders reicht ihm das Mikro.
»Liebe Freunde und Gäste, ich freue mich, dass ihr auch heute so zahlreich erschienen seit.«
Er hat einen starken norddeutschen Akzent, erzählt kurz irgend etwas, habe vergessen was es war, und kündet dann, begleitet von lautem Applaus, Anders an, reicht das Mikrofon zurück und verlässt die Bühne. Ich überlege, wieso er mir so eigentümlich bekannt vorkommt. Gestern habe ich ihn hier, soweit ich mich erinnere, nicht gesehen.

Anders beginnt sein Konzert mit einem schottischen Trinklied, dem Wirt, ich vermute, er war es, der Anders angekündigt hat, wird es freuen. Im Takt der Strophen stoßen die Gäste an.
»Möchtest du noch eine Limo oder etwas anderes?«
Ich drehe mich um und schaue ihr, Anders Freundin, direkt in die Augen - daher kam mir der Wirt so bekannt vor. Die beiden haben eine Ähnlichkeit, die sich eigentlich nicht übersehen lässt. Seine Tochter, vermute ich aufgrund des

Altersunterschieds.
»Etwas Anders hätte ich gerne!«, antworte ich doppeldeutig, was ihr bei der aktuellen Geräuschkulisse nicht auffällt.
»Was denn?«, fragt sie daher nach und ich bestelle mir ein Bier der Sorte, die ich gestern auch hatte, war lecker. Von der Speisekarte bestelle ich mir noch einen doppelten Cheeseburger mit Kartoffelecken.

Später spielt Anders »unser Piratenlied« vom Strand und verkündet im Anschluss, dass er heute am Strand war.
»Aber einen Goldschatz, den Piraten dort vergraben haben sollen, habe ich leider nicht gefunden. Darum muss ich heute Abend doch arbeiten um ein wenig Geld zu verdienen.« Das Publikum lacht herzlich »Aber hier ist das gute Bier so billig, dass der Wirt leider kein Geld hat, um mich zu bezahlen.« Erneut ausgelassenes Lachen zwingt Anders zu einer Sprechpause. »Daher bekomme ich meinen Lohn in Form eines leckeren Abendessens - und dafür würde ich jetzt gerne eine Pause machen.«
Mit lauten Beifall wird er in seine Pause entlassen. Ich bin gespannt, wo er sie verbringen wird. Schnurstracks kommt er zu mir und setzt sich.

»Nochmal hi - schön, dass du gekommen bist. Ich bin übrigens Anders.«
Und wieder setzt mein Sprachzentrum aus. Irgendwie stammel ich eine Begrüßung und einen Dank für die Tischreservierung zusammen. Meinen peinlichen Auftritt kröne ich dann - fast hätte ich es vergessen - mit: »Und ich bin Till.«
»Till!« wiederholt Anders. Dann, für mich vollständig überraschend, schwebt ein Teller mit Essen vor meinem Gesicht auf den Tisch. ein zweiter folgt ihm und landet vor Anders.
»Guten Appetit!«, wünscht uns die Kellnerin.
Ich schaue ihr, vielleicht etwas zu lange, hinterher.
»Nikola ist hübsch, oder?« Anders schaut mich prüfend an.
»Ja,« bestätige ich, »aber nicht mein Typ.«
Dann wird mir schlagartig bewusst, wie ich mich grade über Anders Freundin geäußert habe. Stammelnd versuche ich mich für meine Äußerung zu entschuldigen.
»Freundin?«, fragt Anders, »Wie kommst du darauf, dass sie meine Freundin ist?«
»Ihr habt gestern hier zusammen am Tisch gesessen und im Fischrestaurant wart ihr auch gemeinsam, da dachte ich ...«

»Ach, dann hast du uns im Fischrestaurant auch bemerkt?« Anders grinst hintergründig.
»Ja«, gebe ich kleinlaut zu und laufe rot an. Einer reifen Tomate gleich weiche ich seinem Blick aus.

»Hat dir meine Musik gefallen?«
Dankbar für den Themenwechsel gehe ich auf seine Frage ein. Wir reden über dies und dass, plaudern scheinbar belangloses - und irgendwie auch bedeutsames. Anders hat eine charmante Art-und-Weise, belanglos zu erzählen, zu erfragen, heraus zu finden wer wir beide sind und was wir mögen.

Dann kippt er schnell den letzten Rest seines Glases in sich.
»Sorry, ich muss jetzt wieder auf die Bühne, aber vielleicht können wir nach dem Konzert weiter ...« Das Satzende lässt er offen.
Ich nicke, doch bevor ich antworten kann, sagt er: »Nikola ist auch nicht mein Typ!«
Kurz dreht er sich zur Bühne, dann wieder zu mir zurück, bückt sich, bis sein Mund knapp vor meinem Ohr ist und haucht: »Du bist genau mein Typ!«

THE (ALMOST) SAME PROCEDURE AS EVERY YEAR

Chris Merscheider

sbv

The (almost) same procedure as every year

Kalter Wind streicht mir durchs Gesicht. Es sind nur wenige Meter von der Bushaltestelle bis zum Eingang. Über der Eingangstür lacht mich auf einem großen Banner der Schriftzug »Silvester-Empfang des FTEBL« aus. Keine Einladung, sondern mein Mitgliedsausweis verschafft mir Zugang. Heute habe ich keinen Auftritt, diesmal sind die anderen dran.

Die meisten sind, dass muss ich leider zugeben, schlichtweg die besseren Schauspieler. Kein Grund für Neid, schließlich hatte ich dieses Jahr schon meine Auftritte.
»Freies Theater Ensemble Bergisches Land« – »frei« ist ein so relatives Wort. Ja, ich bin freiwillig Mitglied und tatsächlich stehe ich gerne auf der Bühne. Hier sein muss ich jetzt auch nicht. Theoretisch bin ich es freiwillig – aber praktisch? Praktisch bin ich hier, weil ich sonst wieder einmal alleine zu Hause wäre. Alleine mit mir und meinen Gedanken.
Freiheit ist relativ. Hier zu sein ist für mich übel, weil ich solche Feiern nicht ausstehen kann.
Es ist ein Übel – aber das kleinere Übel.

Außerdem steht gleich Marko als James in »Diner for one« auf der Bühne, mit seiner Schwester Lisa – unser »Dream-Team«.
Marko ist zweifellos unser bester Mann im Ensemble. Mit ihm würde ich heute gerne auf der Bühne stehen – oder vielleicht auch besser nicht. In seiner Nähe vergesse ich seit ein paar Wochen meine Texte.
Wäre ich jetzt nicht hier, dann wäre ich alleine zu Hause mit meinen Gedanken. Gedanken an meine Einsamkeit und Gedanken an Marko.
Keine gute Kombination. War es an Weihnachten schon nicht und ist es an Silvester genauso wenig.
Dann doch lieber das Gewimmel der geladenen Gäste. Die »Créme de la Créme« der Bergischen Lokalpolitik und Wirtschaft. Quasi alles, was sich für wichtig hält und ich, der, bestenfalls mittelmäßige, Laienschauspieler.
Im Gegensatz zu Marko, werde ich hier jedenfalls von keinem der Gäste erkannt. Kein Anlass, um Autogramm-Karten parat zu haben.

»Stefan!«
Ich drehe mich um. »Mike, wie geht es dir?«
»Na, prima! Das ist doch die Feier des Jahres und wir beide mitten drin!«

Mike hat ein mit mir vergleichbares schauspielerisches Talent. Manchmal denke ich aber, er ist nur dabei, um sich an solchen Tagen unter die »High-Society« mischen zu können.
»Du sitzt ja auf dem Trockenen – auf zur Bar!«
Ich folge ihm. An der Bar ist noch viel Platz und wir besetzen zwei der Barhocker. Kaum habe ich mein Bierglas in der Hand, klackt Mikes dagegen.
»Prost! Auf das alte Jahr!« Trinkend dreht er sich um. Sekunden später stößt er mich mit seinem Ellenbogen an. Mit hochgezogenen Augenbrauen deutet sein Blick auf eine langhaarige Schönheit. »Und?«
»Nicht mein Typ«, antworte ich kühl.
»Ach, komm, schau dir mal ihr Fahrwerk an!«
Ich schaue auf mein Bierglas. Das Kölsch erinnert mich an Markos Haare. »Weißt du, wer sie ist?«
Irgendeine Ex-Sekretärin und zukünftige Ex-Frau eines Aufsichtsratsdingsbums von so-und-so. Das oder etwas ähnliches antwortet Mike. Hoffentlich sabbert er gleich nicht in sein Bier.
»Oh, ich liebe diesen Tag. Jedes Jahr ein Spektakel, oder?« Er schaut beim reden mit mir der nächsten hinterher.
»Nein!«, antworte ich und erwarte, dass er es ignoriert.

»Was?« Jetzt schaut er mich an.
»Nein,« wiederhole ich, »ich finde es nicht spektakulär. Eher ätzend ...«
»Häh?«
»Die Party – ich finde sie ätzend«
»Aber ..., äh ... – und warum bist du dann hier?«
»Alleine zu Hause wäre es noch schlimmer ...«
»Ach!« Mike lacht dreckig. »Was dir fehlt ist eine Maus fürs Bett! Eine, die dich mal so richtig auspowert!«
Bevor ich antworten kann, steht Lisa Behneker vor uns, schaut Mike kurz an und geht Kopfschüttelnd weiter. Mich schaut sie vorher kurz an und verdreht die Augen.
»Wie wäre es mit Lisa?« Mike grinst mich schmierig an. »Im Winter wird es mit ihr jedenfalls nicht kalt – mit dem Holz vor ihrer Hütte.«
Sein Lachen ekelt mich an. Ich muss weg hier. Doch wohin? Und wie verhindere ich, dass Mike mir folgt? Ich würde lieber Lisa in die Maske folgen. Dort müsste dann auch ihr Bruder sein. Marko! Wäre ich so hübsch wie seine Schwester und kein Kerl, hätte ich vielleicht eine Chance bei ihm.
»Oder sie?« Mike deutet wieder mit seinen Augen irgendwohin. »Nicht der Body von Lisa, aber dafür hat sie bestimmt viel Kohle. Hab' sie

vorhin alleine aus einen Porsche steigen sehen.«
»Dann schnapp du sie dir!«, fordere ich Mike auf und hoffe, ihn so davon abzubringen, mir weiterhin irgend welche Frauen auszusuchen. Das ich nicht auf Frauen stehe, hat sich offensichtlich noch nicht herum gesprochen, sonst wüsste Mike es mit Sicherheit. So hat mir der Abend wenigstens diese Erkenntnis gebracht. Wenn ich nun auch noch Mike, er redet schon wieder über irgendjemanden, los werde und gleich Marko auf der Bühne steht ...
»Stefan!« Die Stimme von Walter reißt mich aus meinen Gedanken. »Stefan – du bist hier?« Er nimmt mir mein Bierglas aus der Hand und zieht mich hinter sich her. Im gehen stellt er das Glas auf die Theke. »Du bist unsere Rettung. Du kannst doch die Rolle des James? Klar kannst du! Marko ist ausgefallen. Knöchel verknackst, oder so. Und René, die Zweitbesetzung, hat Magen-Darm. Du musst auf die Bühne. Schnell!« Er schiebt mich in die Maske, setzt mich auf den freien Stuhl neben Lisa und verschwindet.

»Jedes Jahr das selbe!« beginnt Lisa ein Gespräch. »Walter freut sich wochenlang auf diesen Abend und dann hat er so viele Probleme zu lösen, dass er überhaupt nicht dazu kommt, den Abend zu genießen.«

»Das Schicksal eines Theaterleiters ...« antwortete ich wenig geistreich.

»Du genießt die Party auch nicht?« Sie ignoriert meine Antwort. »Habe vorhin zufällig mitbekommen, wie du mit Mike geredet hast.«

»Stimmt.«

»Gut, dass du trotzdem hier bist ...«

»Ist zumindest besser, als alleine zu Hause zu sein. Was ist mit deinem Bruder?« Ich versuche, das Thema auf etwas zu lenken, dass mich mehr interessiert.

»Umgeknickt und Knöchel dick. Kann nicht laufen. Du hast also nichts besseres gefunden, als die Party hier?«

»Nein, leider – klingt aber so, als wärst du auch lieber wo anders?«

»Na ja, die Party ist mir wurscht – ich bin nur für den Auftritt hier. Sonst wäre ich wo anders.«

Walter platzt in die Maske. »Kinder, ihr müsst jetzt raus!«

Kurz darauf öffnet sich der Vorhang und ich, nein, James, deckt den Tisch ein. Ein wenig später erscheint die in Miss Sophie verwandelte Lisa auf der Bühne. Zur »Mulligatawny Soup« gibt es »very dry Sherry« und die obligatorische Frage, nach der selben Prozedur wie im letzten Jahr.

»The same procedure as every year, James« antwortet mir Lisa im akzentfreiem Oxford-Englisch.

Ich träume akzentfrei davon, dass ihr Bruder statt ihrer hier sitzt und sich von mir mit Köstlichkeiten verwöhnen lässt.

Pflichtbewusst stolpere ich über das Elchfell aus dem schwedischen Möbelhaus. Sorry, Knut, war Walters Idee und sollte ein Zusatzgag werden.

Kurz vor Mitternacht wird Knut dann meistbietend für einen guten Zweck versteigert – wie jedes Jahr.

Mit dem »North Sea Haddock« gehe ich auf Miss Sophie zu. Sie hat dieselben Augen wie ihr Bruder. Nur gut, dass er jetzt nicht mit mir auf der Bühne spielt – ich würde einen Fehler nach dem anderen machen und vermutlich die ganze Aufführung versauen. Mit Lisa muss ich mich schon höllisch konzentrieren. Sie erinnert mich viel zu sehr an ihren Bruder. Die Ähnlichkeit der beiden ist mir bisher nie aufgefallen.

Nur gut, dass auch der Weißwein nicht wirklich Wein ist. Mit Alkohol wäre diese Rolle unspielbar. Nicht nur in diesem, sondern in jedem Jahr.

Das Huhn duftet gut, als ich es vor ihr abstelle. Hat sie mir grade zu gezwinkert? Habe ich etwas falsch gemacht? Wollte sie mich damit aufmuntern? Keine Zeit für solche Gedanken oder Panik. Ich muss mich auf meinen Text konzentrieren – und aufs Lallen.
»The same procedure as every year, James.« Lisa schaut mir ins Gesicht und ihr Blick passt nicht zu dem, was sie sagt. Ihr Blick stellt eine Frage – oder fange ich an zu halluzinieren oder wirkt der nicht-getrunkene Alkohol? Konzentration! Ich darf nicht mehr an Marko denken! Ich darf Lisa nicht mehr als seine Schwester sehen!

Tatsächlich schaffe ich es – für ganze fünf Sekunden. Aber nur durch den Schreck, als mir fast der Teller mit dem letzten Gang aus der Hand rutscht. Dann ist Marko wieder allgegenwärtig in meinem Bewusstsein.
»Port with the fruit,« yes, aber auch die selbe Prozedur wir im letzten Jahr?
»The same« (Lisa schweigt für einen kurzen Moment.) »procedure as every year, James.« Und sie schweigt nicht nur, sondern betont diesmal das »same« deutlicher als das »every«. Vermutlich habe ich mich nur getäuscht und

gehört, was sie gar nicht gesagt hat. Um mich muss es also schlimmer stehen, als ich es angenommen habe. Hoffnungslos! Solange Marko durch meine Gedanken schwirrt, werde ich nicht mehr ordentlich spielen können.
Hoffentlich habe ich den Auftritt heute nicht allzu sehr vermasselt.

Auf den Stufen die letzte Wiederholung der Frage nach der Prozedur. Lächelnd antwortet Lisa-Sophie: »The same procedure as every year, James!«
Der Vorhang fällt, das Publikum applaudiert, ich denke an Marko. Nächstes Jahr wird wieder er hier mit seiner Schwester auf der Bühne stehen.
Es folgt die selbe Prozedur wie nach jeder Aufführung: Zurück auf die Bühne, Applaus (scheint wohl doch nicht so schlecht gelaufen zu sein ...) Verbeugen, Abgang, umkleiden, abschminken. Walter kommt zwischendurch rein, gratuliert.

Lisa steht vor der Maske – sie hat wohl in ihrem eigenen Kleid gespielt und scheint auf irgendjemanden zu warten.
»Da bist du ja!« Sie greift meine Hand und zieht mich hinter sich her. Zwei Minuten später

schiebt sie mich in ihr Auto.
Ich protestiere, befürchte, dass sie etwas von mir möchte, dass ich nicht mit ihr, eher mit ihrem Bruder ... Kann sie ja nicht wissen. Sie lässt keinen Protest zu, ignoriert, schlägt die Autotüre zu. Sekunden später sitzt sie neben mir auf dem Fahrersitz. Warum steige ich nicht einfach aus?

»Lisa, warte – was hast du vor?«
»Na, das gleiche wie jedes Jahr. Nach meinem Auftritt sammel ich eine Freundin ein und fahre mit ihr zu Marko und wir feiern gemeinsam ins neue Jahr hinein. Meine Freundin hat mich dieses Jahr versetzt – wegen Paul, oder Peter – oder so, und jetzt habe ich mir halt dich geschnappt. The same procedure as every year, James!« Sie zwinkert mir wieder zu.
»Na ja, the same? Wir sind, soweit ich weiß, bisher nicht so richtig befreundet, oder?«
»Ach, komm! Das mit der Freundschaft lässt sich doch schnell ändern. Dann ist es halt »the almost same procedure as every year! Und Marko freut sich schon darauf, mit mir und meiner ›Freundin‹ ins neue Jahr zu feiern.«
»Ich bin aber keine -in!«
»Stimmt!«, antwortet Lisa keck. »Ist aber auch kein Problem – das ist schon OK so, schließlich

stehen alle meine Freundinnen auf Kerle, genau so, wie auch du – und mein Bruder!«

ÜBER DEN AUTOR

Chris Merscheider,
1982 in Solingen-Merscheid geboren und aufgewachsen, lebt in Wuppertal-Vohwinkel mit Blick in die vorbeifahrenden Schwebebahnen.
Chris Merscheider hat eine Ausbildung zum Versicherungsfachangestellter absolviert und arbeitet hauptberuflich als solcher. Er schreibt unter Pseudonym, da er in seinen Geschichten auch eigene Erlebnisse und Erfahrungen verarbeitet.
Während eines Klinikaufenthalt wegen Burnout entdeckte er das Schreiben für sich.
Sein Pseudonym wählte er als Hommage an seine Heimatstadt, der er noch immer sehr verbunden ist.

IM SBV ERSCHIENENE TITEL VON CHRIS MERSCHEIDER

Ein Kaffe, ein Donut und ein Lächeln
(erhältlich als E-Book)

GETÄUSCHT
(erhältlich als E-Book)

Verzaubert auf Juist
(erhältlich als E-Book)

The (almost) same prodedure as every year
(erhältlich als E-Book)

Es fing mit kleinen Witzen an
(erhältlich als E-Book und als Druckausgabe)

vierundzwanzigsieben
(erhältlich als Druckausgabe)

vierundzwanzigsieben

Ein ganz normaler Herbstmorgen. Frühstück auf dem Weg ins Büro und den Kopf voller Termine und Aufgaben. Über viele Wochen zählt nur noch die Arbeit. Immer weniger Zeit bleibt für Freundschaften und Hobbys. Der letzte Besuch in Anekes Biergarten ist längst Geschichte, die Freunde haben sich schon lange nicht mehr gemeldet. Doch die Leistung lässt bei jedem irgendwann nach, die Konzentration sowieso. Nur Sekundenbruchteile und es wäre zu einem fatalen Unfall gekommen.
Die letzten vierundzwanzig Stunden fangen an.

»Eine beängstigend nahegehende Schilderung eines Burn-outs«

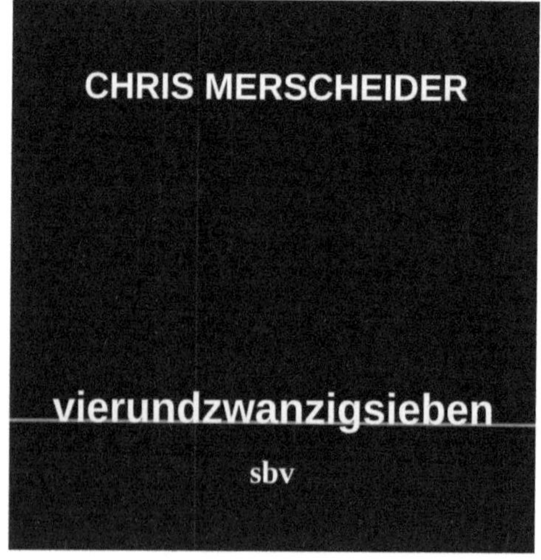

Es fing mit kleine Witzen an

Als Marvin, der neue Mitschüler, das Klassenzimmer betritt wird der 17 jährige Benjamin aus der Langeweile des Schulalltags gerissen. Ben, der seine Homosexualität bisher geheimgehalten hat, verliebt sich Hals-über-Kopf. Marvin wiederum scheint Interesse an Sonja zu haben.

Auf der Klassenfahrt nach Brüssel kommt es Überraschend zum Outing. Das homophobe Mobbing nimmt gefährliche Ausmaße an.